Deutsch als Zweitsprache

Erste Schritte – Pfad 1:
Nomen, Artikel und kleine Wörter

CHRISTIANE FRAUEN

ROHR VERLAG
BILDUNG & ERZIEHUNG

IMPRESSUM

TITEL
Deutsch als Zweitsprache
Erste Schritte - Pfad 1:
Nomen, Artikel und kleine Wörter

AUTORIN
Christiane Frauen

LEKTORAT
Urte Kühl

ILLUSTRATION
Hanna Niklaus

LAYOUT
Birte Holländer

Geeignet für jede Altersgruppe

ISBN 978-3-944466-26-2

Inhaltsverzeichnis

		Seite
Liebe DaZ-Lernerin, lieber DaZ-Lerner		6
Themenorientierte Wortschatzlisten		
W 1	Schulsachen	7
W 2	Schulsachen	8
W 3	Möbel in der Schule	9
W 4	Menschen in der Schule	10
W 5	Körper	11
W 6	Frühstück in der Schule	12
W 7	Kleidung	13
W 8	Kleidung	14
W 9	Familie	15
W10	Bauernhof	16
W 11	Bauernhof	17
	Blankoseite Wörterliste	18
	Blankoseite Wörterliste	19
Kleine Wörter		
	Erste lokale Präpositionen	20
Pluralboxen		
P 1	-n	21
P 2	¨e	22
P 3	-	23
P 4	-e	24
P 5	-en	25
P 6	¨	26
P 7	-nen	27
P 8	¨er	28
P 9	-s	29
P 10	-er	30

Liebe DaZ-Lernerin,
lieber DaZ-Lerner,

wenn du dieses Arbeitsheft in deinen Händen hältst, verstehst du diese einleitenden Worte bestimmt noch nicht. Aber es gibt hoffentlich einen Menschen in deiner Nähe, der dich beim Lernen der deutschen Sprache unterstützt.

Die Übersichten helfen dir dabei, viele Wörter mit ihren Artikeln *der, das, die* ganz leicht zu lernen. Natürlich reicht es nicht, Wörterlisten einfach auswendig zu lernen, um gut Deutsch zu können. Für Schreibaufgaben und das Sprechen von Dialogen brauchst du die Karten aus dem Dialogblock. Du legst ein Dialogblatt in das freie Feld über der Wörterliste und kannst dann viele Sätze bilden. Da du durch Ablesen und Schreiben allein noch nicht den Sinn der Dialoge verstehst, brauchst du jemanden, der die Wörter für dich zum Leben erweckt: Ein Lehrer, eine Lehrerin, Sprachpatinnen und -paten oder Mitschülerinnen und Mitschüler können für dich lebendige Situationen organisieren, in denen du mit Gegenständen und Kärtchen handelst, sprichst und verstehst. Dafür bekommen deine Lehrpersonen viele Anregungen im Lehrerheft. Wenn du noch nicht auf Deutsch lesen und schreiben kannst, werden deine Unterstützer und Unterstützerinnen den Dialogblock und dieses Arbeitsheft sogar so nutzen, dass du selbst gar keine Schreibaufgaben erledigst. Das Hören und Sprechen in Handlungssituationen ist für dich die wichtigste Voraussetzung für das Verstehen. Ohne anschauliche mündliche Übungen bleiben Aufgaben zum Lesen und Schreiben sinnentleert.
Wenn du deine „Ersten Schritte – Pfad 1“ gegangen bist, warten übrigens schon „Weitere Schritte“ auf dich.

Viel Spaß und Erfolg bei deinen „Ersten Schritten – Pfad 1“ wünscht dir

Christiane Frauen

Hier kannst du verschiedene
Dialogkarten anlegen.

der □	**das △**	**die ○**
Füller 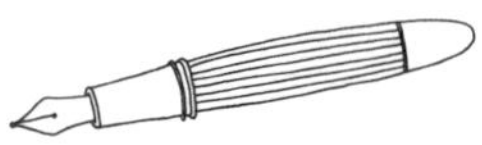	Buch 	Kreide 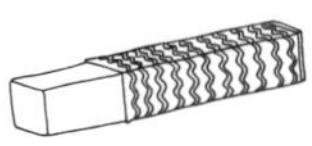
Bleistift 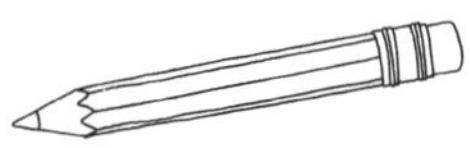	Heft 	Patrone 
Buntstift 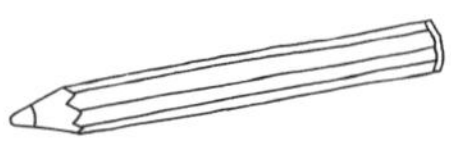	Lineal 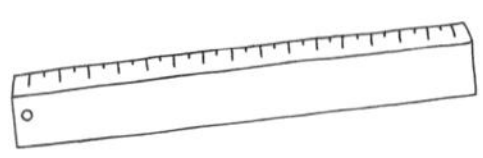	Schere 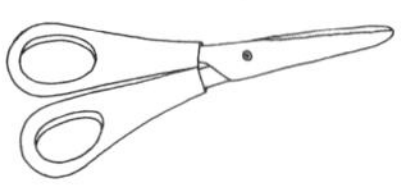
Radiergummi 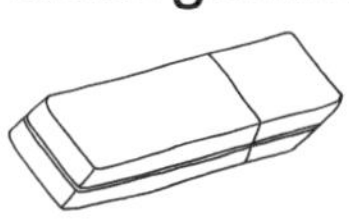		Kappe 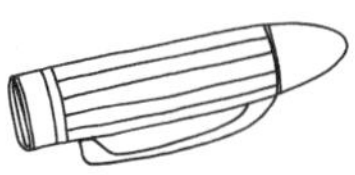
Malkasten 		
Kugelschreiber 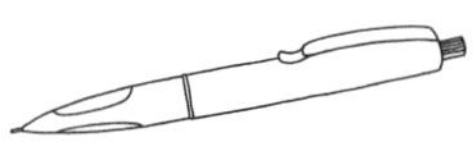		
Pinsel 		

Hier kannst du verschiedene
Dialogkarten anlegen.

der □	**das △**	**die ○**
Zeichenblock 	Sportzeug 	Schultasche 
Anspitzer 	Bild 	Federtasche 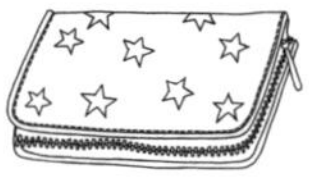
Ordner 	Blatt 	Klebe 
Zirkel 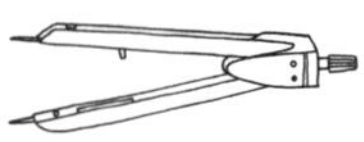	Hausaufgabenheft 	Mappe 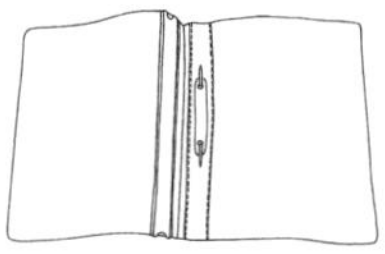
Schwamm 		
Taschenrechner 		
Tintenkiller 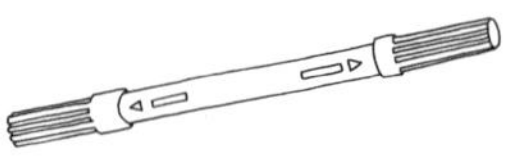		

Hier kannst du verschiedene
Dialogkarten anlegen.

der □	das △	die ○
Stuhl 	Waschbecken 	Tafel 
Tisch 	Fenster 	Tür 
Schrank 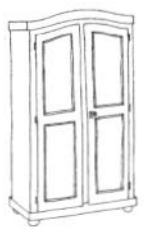	Regal 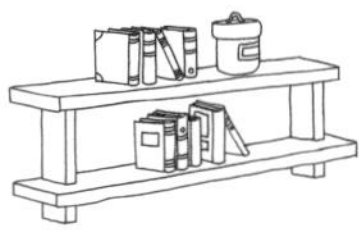	Lampe 
Mülleimer 	Pult 	Fensterbank 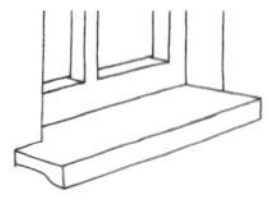
Papierkorb 		Heizung 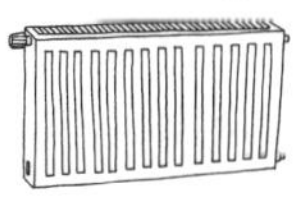

Hier kannst du verschiedene
Dialogkarten anlegen.

der □	das △	die ○
Lehrer 	Mädchen 	Lehrerin 
Mann 	Baby 	Frau 
Schüler 	Kind 	Schülerin 
Junge 		Schulleiterin 
Schulleiter 		Sekretärin 
Hausmeister 		

Hier kannst du verschiedene
Dialogkarten anlegen.

der □	das △	die ○
Kopf 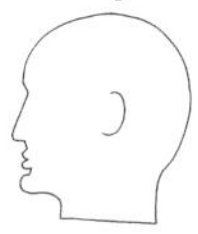	Auge 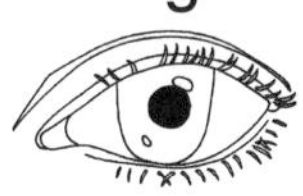	Nase 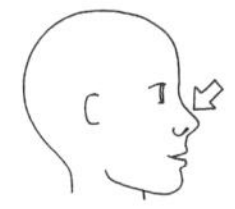
Mund 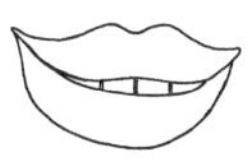	Gesicht 	Schulter 
Hals 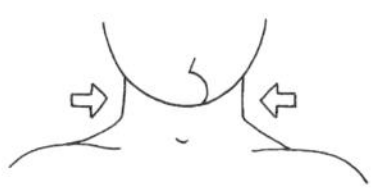	Kinn 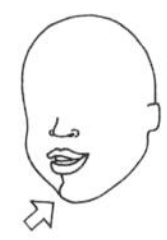	Hand 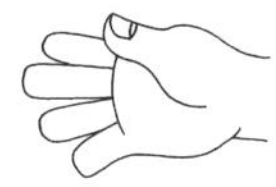
Arm 	Knie 	Brust 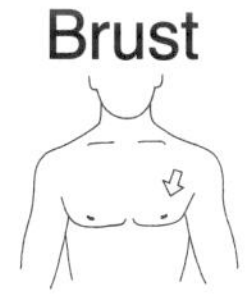
Finger 	Bein 	
Bauch 	Herz 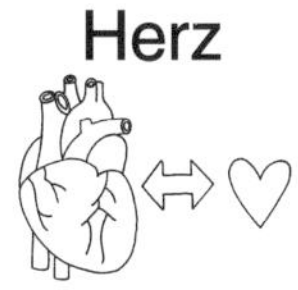	
Fuß 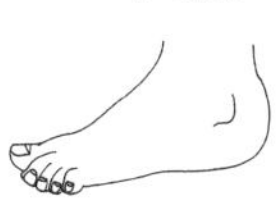	Haar 	
Zeh 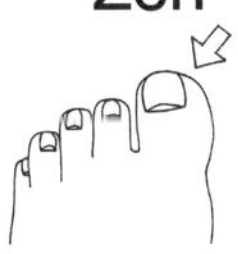		

Hier kannst du verschiedene
Dialogkarten anlegen.

der □	das △	die ○
Käse 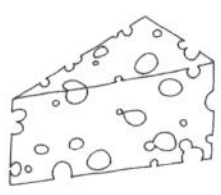	Frühstück 	Wurst 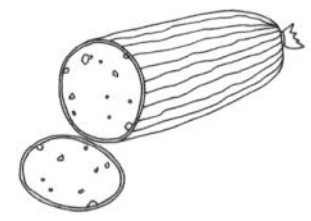
Trunk 	Brot 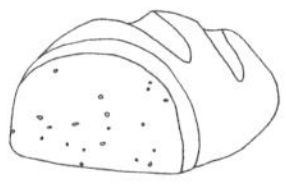	Marmelade 
Apfel 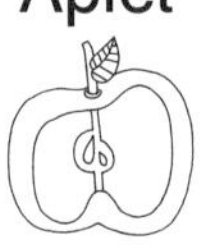	Brötchen 	Butter 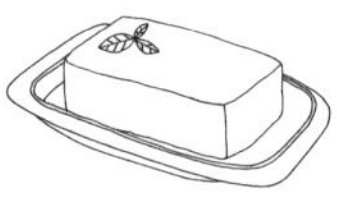
Joghurt 	Glas 	Flasche 
Trinkjoghurt 		Trinkflasche 
Keks 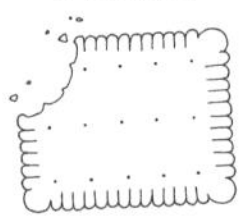		Brotdose 
Quark 		Banane 
		Brezel 

Hier kannst du verschiedene
Dialogkarten anlegen.

der □	das △	die ○
Schuh 	Kleid 	Strumpfhose 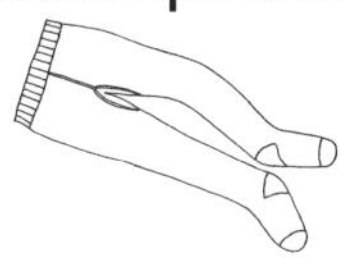
Strumpf 	Hemd 	Mütze 
Handschuh 	T-Shirt 	Bluse 
Hut 		Jacke 
Mantel 		
Pullover 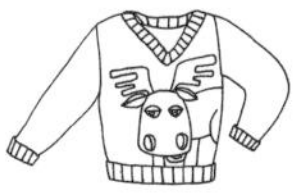		
Stiefel 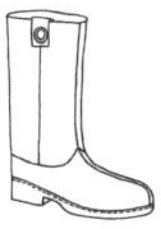		

Hier kannst du verschiedene
Dialogkarten anlegen.

der □	**das △**	**die ○**
Rock 	Unterhemd 	Unterhose 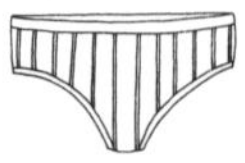
Schal 	Kopftuch 	Shorts 
Gürtel 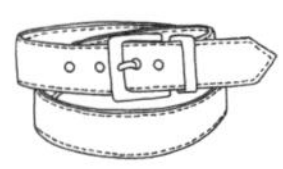	Käppi 	Badehose 
Knopf 		
Reißverschluss 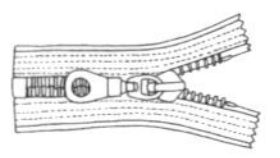		
Kragen 		
Badeanzug 		

Hier kannst du verschiedene
Dialogkarten anlegen.

der □	das △	die ○
Großvater, Opa 		Großmutter, Oma 
Vater, Papa 		Mutter, Mama 
Sohn 	Schwester	Tochter 
	Bruder	

Hier kannst du verschiedene
Dialogkarten anlegen.

der □	das △	die ○
Hase 	Schwein 	Ente 
Hahn 	Huhn 	Kuh 
Hund 	Küken 	Gans 
Storch 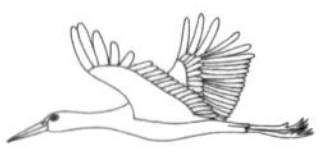	Schaf 	Ziege 
Fisch 	Lamm 	Katze 
Bauer 	Pferd 	Bäuerin 
Stall 	Fohlen 	Weide 
	Kalb 	

Hier kannst du verschiedene
Dialogkarten anlegen.

der □	das △	die ○
Flügel 	Horn 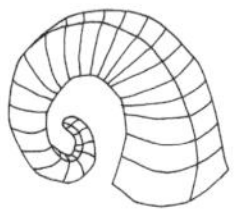	Feder 
Schnabel 	Hufeisen 	Mähne 
Schwanz 	Schnurrhaar 	Wolle 
Schweif 	Fell 	Schnauze 
Ringelschwanz 	Pony 	Tatze 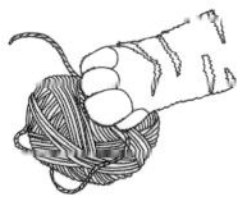
	Euter 	Pfote 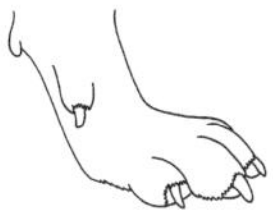
	Nest 	Kralle 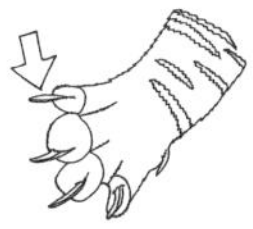

Hier kannst du verschiedene
Dialogkarten anlegen.

der □	das △	die ○

Hier kannst du verschiedene
Dialogkarten anlegen.

der □	das △	die ○

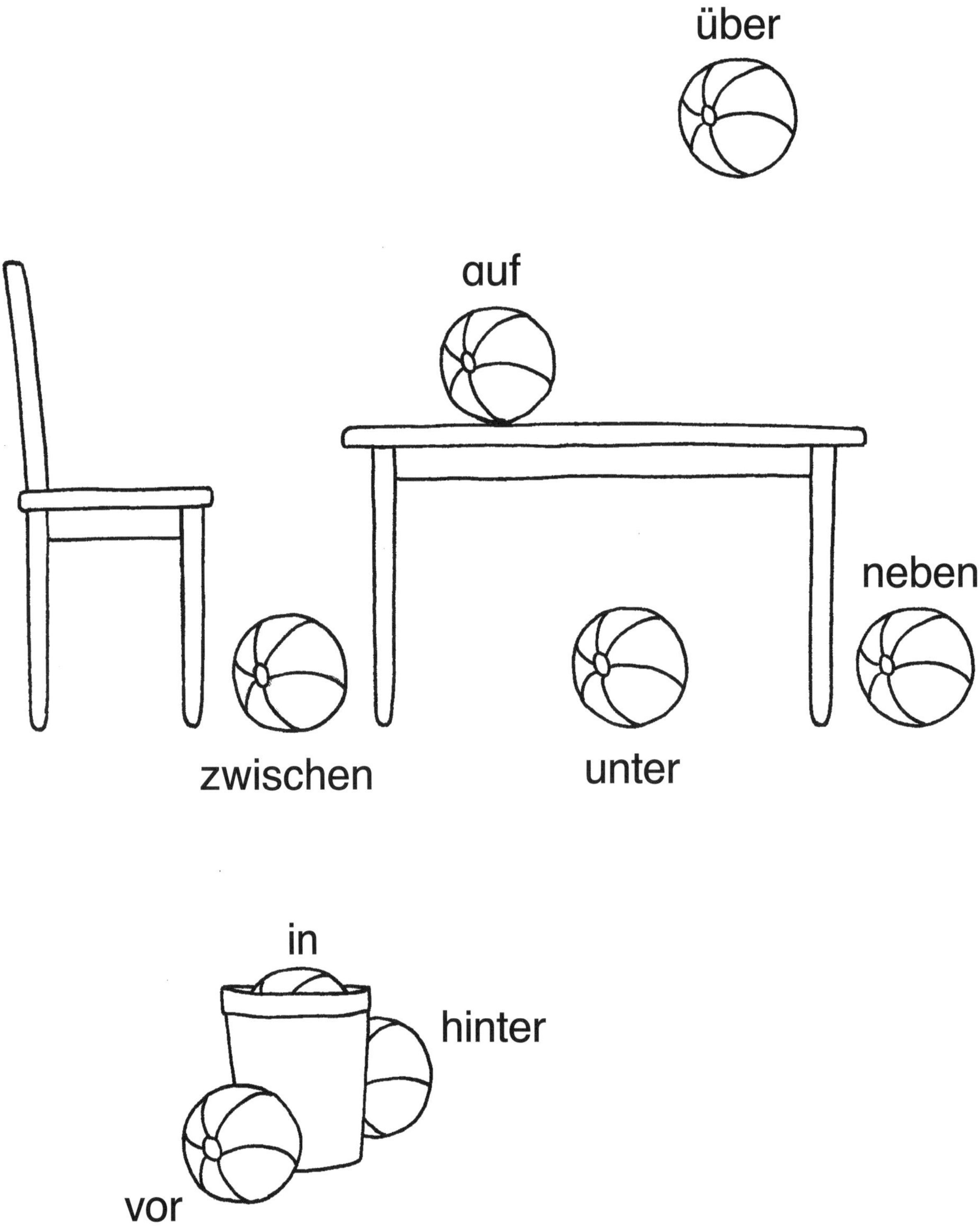
über
auf
neben
zwischen
unter
in
hinter
vor

-n

Einzahl (Singular)	**Mehrzahl** (Plural)
die Blume	die Blumen

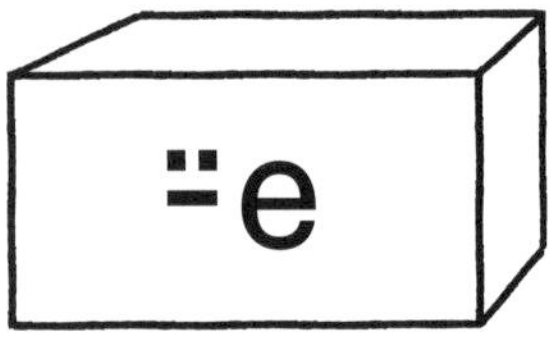

Einzahl (Singular)	**Mehrzahl** (Plural)
der Rock	die Röcke

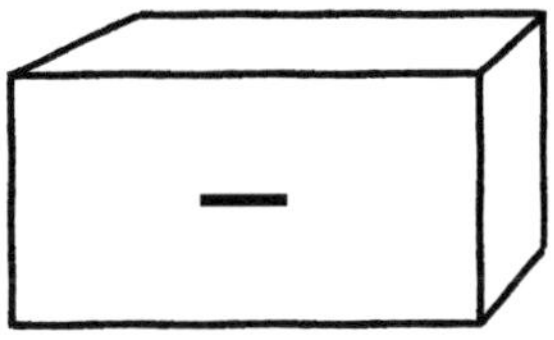

Einzahl (Singular)	**Mehrzahl** (Plural)
der Anspitzer	die Anspitzer

-e

Einzahl (Singular)	**Mehrzahl** (Plural)
der Bleistift	die Bleistifte

-en

Einzahl (Singular)	**Mehrzahl** (Plural)
die Frau	die Frauen

Einzahl (Singular)	**Mehrzahl** (Plural)
der Bruder	die Brüder

-nen

Einzahl (Singular)	**Mehrzahl** (Plural)
die Schülerin	die Schülerinnen

¨er

Einzahl (Singular)	**Mehrzahl** (Plural)
das Buch	die Bücher

-S

Einzahl (Singular)	**Mehrzahl** (Plural)
der Radiergummi	die Radiergummi<u>s</u>

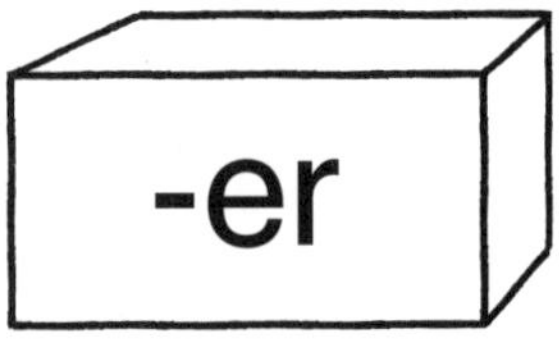

Einzahl (Singular)	**Mehrzahl** (Plural)
das Kleid	die Kleider